LEGO NINJAGO

DRAGONS RISING

SIEG ÜBER MONSTER UND DRACHEN

Das ist AMEET-Qualität

Bevor wir ein Buchprogramm planen und die einzelnen Bücher entwickeln, besuchen wir unsere kleinen Leser und ihre Eltern zu Hause.

Wir wollen wissen, was Kinder lieben, was sie cool finden, was sie erwarten, wenn sie ein Lese- oder Rätselbuch in den Händen halten. Denn unser Verlag hat sich auf die Fahnen geschrieben, der Verlag zu sein, der am besten weiß, was Kinder wollen.

Die Quelle unserer Erkenntnisse bezüglich Lesererwartungen und ihrer Vorlieben sind professionelle Interviews, die wir regelmäßig mit Kindern und ihren Eltern durchführen. Die Ergebnisse fließen direkt in die Konzeptionierung unserer Buchreihen und Einzeltitel ein.

Das garantieren wir Ihnen:

- Bücher, mit Kindern entwickelt
- Bücher, von Eltern getestet
- Bücher, die Kinder cool finden und gleichzeitig Elternbedürfnisse erfüllen

Wir möchten für Sie immer besser werden:

Sollten wir mit diesem Buch Ihre Erwartungen nicht erfüllen, lassen Sie es uns bitte wissen! Wir freuen uns auf Ihre Kritik und Ihr Lob! Nehmen Sie einfach Kontakt zu uns auf und schreiben Sie uns, gern auch per E-Mail an ameet@ameet.de.

Ihr
AMEET VERLAG
Destouchesstraße 68
80796 München

„Dragon Riding", „The Most Important Thing" und „The Missing Mask" geschrieben von Stacia Deutsch.

Manufactured by AMEET Sp. z o.o. under license from the LEGO Group.

AMEET Sp. z o.o.
Nowe Sady 6, 94-102 Łódź – Poland
ameet@ameet.eu
www.ameet.eu

Erschienen in Deutschland, Österreich und der Schweiz im AMEET Verlag.

AMEET Verlag GmbH
Destouchesstraße 68
80796 München
Deutschland
www.ameet.de

www.LEGO.com

Übersetzung: Judith Händeler
Lektorat: Marice Radtke

ISBN 978-3-96080-857-2

LEGO NINJAGO
DRAGONS RISING

SIEG ÜBER MONSTER UND DRACHEN

Inhalt

Einleitung

Die Verschmelzung der vielen Reiche hat das Leben in Ninjago verändert. Es warten neue Monster und Bösewichte auf die Ninja und es gibt viele neue Abenteuer zu erleben.

Arin ist noch nie auf einem Drachen geritten. Die Ninja wollen ihm helfen, aber der Unterricht zeigt keinen Erfolg. Könnten die rätselhaften Ratschläge eines ungewöhnlichen Lehrmeisters Arin helfen, endlich in den Himmel aufzusteigen?

Cole befindet sich im Land der verlorenen Dinge. Als Bonzle ihn bittet, einen wichtigen Gegenstand für sie zu besorgen, hilft Cole seiner neuen Freundin gern. Aber dafür muss er sich einem Monster stellen.

Im Schattendojo bereitet sich Lord Ras auf einen großen Kampf vor. Auf der Suche nach einem zweiten Befehlshaber, lässt er zwei Kandidaten in einem kniffligen Wettstreit gegeneinander antreten. Wer von beiden kann sich den begehrten Titel sichern?

Ein Ritt auf dem Drachen

„Heute arbeiten wir weiter an euren Reitkünsten“, sagte Lloyd zu Arin und Sora. Sie hatten sich für das Ninja-Training schon früh im Hof des Klosters zusammengefunden.

Arin blinzelte der aufgehenden Sonne entgegen, als Zane drei Drachen aus dem Stall führte.

„Wir üben die Schlag-Sprung-Kick-Routine, die ich euch gestern gezeigt habe – aber diesmal im Flug“, erklärte Lloyd.

„Was?!“ Arin klappte die Kinnlade runter. „Wann werden wir jemals auf einem fliegenden Drachen Schläge und Tritte austeilen müssen?“

„Guter Punkt“, Lloyd zuckte mit den Achseln. „Vermutlich nie . . .“

Aber Sora erkannte den Sinn der Übung sofort. „Es geht nicht wirklich ums Kämpfen, sondern darum,

Gleichgewicht und Konzentration zu trainieren. Wenn wir die Übungen sogar im Flug beherrschen, sind wir auf die Schmelzbeben gut vorbereitet."

„Ganz genau!" Lloyd grinste. Manchmal verwirrte er sich mit seinen Trainingstechniken selbst. „Das war mein Plan."

„Lächerlich", brummte Wyldfyre, als sie mit ihrem Drachen Heatwave den Hof betrat und sich unter einem Baum niederließ. „Das Drachenreiten erfordert weder Gleichgewicht noch Konzentration."

„Was erfordert es dann?", fragte Arin.

„Das." Wyldfyre lehnte sich an Heatwave an, schloss die Augen und schnarchte kurz darauf.

Arin seufzte. „Typisch Wyldfyre, ihre Ratschläge sind nie nützlich."

„Zu nützlich", protestierte Wyldfyre leise zwischen zwei Schnarchern.

„Es ist Zeit, abzuheben", verkündete Lloyd.

Sora kletterte auf einen türkisfarbenen Drachen und positionierte sich sicher zwischen dessen goldene Flügel.

Lloyd zeigte auf den lila Drachen und sagte zu Arin: „Das ist deiner."

Zögerlich trat Arin einen Schritt vor.

„Hast du Angst?", rief Sora zu ihm runter.

„Ähm, nein. Ich bin nur vorsichtig. Mir hat bisher immer jemand hochgeholfen", gab Arin zu. „Ich halte das Gleichgewicht, weil ich mich nicht bewege, und ich konzentriere mich darauf, nicht aus hunderten von Metern zu Boden zu stürzen."

„Das klingt, als hättest du Angst", sagte Wyldfyre gähnend.

„Tu einfach weiter so, als würdest du schlafen!" Arin trat mutig an den Drachen heran und stemmte seinen Fuß gegen eine der Schuppen. Als er sich hochschwingen wollte, schoss der Drache nach vorn und Arin landete rücklings im Dreck.

„Na schön, Drache", sagte Arin, „probieren wir's noch mal." Der Drache lachte und stieß Arin mit seinen Flügeln von sich. Arin stürzte erneut zu Boden und der Drache schlenderte davon, um sich die süßen Beeren eines nahegelegenen Buschs einzuverleiben.

„Du gehst das komplett falsch an." Wyldfyre lag jetzt faul auf Heatwaves Rücken und badete in der Sonne.

„Dann hilf mir doch", Arin starrte sie an.

Sie verschränkte die Arme hinter ihrem Kopf und lehnte sich an Heatwaves Hals. „Mache ich."

„Du bist unmöglich!", rief Arin aus und stürmte davon.

* * *

Am nächsten Tag übernahm Zane den Unterricht: „Wir machen heute da weiter, wo ihr gestern aufgehört habt." Die drei Drachen kamen in den Hof, gefolgt von Heatwave und Wyldfyre. Mit Anlauf sprang Zane auf den grauen Drachen und die beiden hoben vom Boden ab.

Sora tat es ihm nach und kaum, dass sie auf dem Rücken des Drachen aufsaß, stieg dieser in die Luft.

„Los, Arin", sagte Sora.

„Los, Arin", ahmte Wyldfyre sie nach.

Arin rannte los und sprang auf den Rücken des lila Drachen. „Geschafft!" Arin freute sich, doch als der Drache mit den Flügeln schlug, stürzte er ab. „Uff", stöhnte er vom Boden aus.

„Versuche es noch mal", sagte Zane. „Vertraue deiner Programmierung . . . Ich meine deinem Instinkt. Denk' nicht so viel darüber nach!"

„Nicht nachdenken", sagte Arin sich und rappelte sich auf. Er rannte auf den Drachen zu, schaffte es hinauf und wurde wieder hinuntergeworfen.

Nach einer Stunde legte Arin sich auf den Boden und verweigerte sich auch nur einem weiteren Versuch. „Ich brauche Eis und Bandagen." Sein Drache machte

sich daran, noch mehr süße Beeren von dem Busch zu futtern.

Sora landete mit ihrem Drachen und sagte: „Wir können es morgen wieder versuchen."

„Es wird das gleiche Spiel sein wie heute", sagte Wyldfyre lächelnd, die abwechselnd mit Heatwave in eine Wyldmelone biss.

„Igitt. Unhygienisch", bemerkte Arin.

Wyldfyre sagte: „Du schaust hin, aber du siehst nicht." Dann ging sie zum Stall, wo sie mit Heatwave lebte.

„Warum hilft sie mir nicht einfach?", stöhnte Arin. Langsam humpelte er zum Kloster.

Plötzlich ergriff Sora seinen Arm. „Ich glaube, sie hat dir die ganze Zeit Ratschläge erteilt.“ Soras Augen blitzten auf. „Hast du gesehen, wie sie sich an Heatwave lehnt, wenn die beiden sich ausruhen? Wie sie auf seinem Rücken liegt? Und wie sie die Melone teilen?“

„Sie ist faul“, sagte Arin.

„Ich glaube“, antwortete Sora, „dass Wyldfyre dir zeigt, was du tun sollst.“

„Zeigt?“ Arin wurde klar, dass Sora Recht hatte. „Glaubst du, Wyldfyre will mir zu verstehen

geben, dass sie und Heatwave Freunde sind und sie nicht bloß auf ihm reitet?“

Sora nickte.

„Ich muss wohl herausfinden, wie ich mich mit dem Drachen anfreunde“, sagte Arin.

„Wyldfyre und Heatwave sind schon ihr ganzes Leben zusammen“, sagte Sora. „Hab’ Geduld.“

Aber für Geduld war keine Zeit. Lloyd kam in den Hof gerannt. „Es gibt ein Schmelzbeben! Wir müssen die Drachen holen und sofort los.“

„Ich bin noch nicht so weit“, rief Arin. „Ich kann nicht allein reiten.“

„Doch, kannst du“, sagte Wyldfyre. Sie und Heatwave schwebten über seinem Kopf.

Arin dachte an das, was er gelernt hatte. Er musste sich mit dem Drachen anfreunden, also nahm er eine Melone und bot sie dem Drachen an. „Friedensangebot?“, fragte er. Der Drache nahm die Melone in den Mund und spuckte sie über den Hof aus.

„Sei nicht ich. Sei du selbst“, sagte Wyldfyre.

„Das ist nicht hilfreich!“ Arin verdrehte die Augen. „Was soll das überhaupt heißen?“ Aber schlagartig wurde es ihm klar. „Warte! Du *bist* hilfreich.“

Arin rannte in die Küche des Klosters. Er hatte erst am Morgen einen Kuchen mit süßen Beeren aus dem Ofen geholt. Er brachte den Kuchen zu seinem Drachen. „Ich habe gesehen, dass du die Beeren vom Busch gefressen hast. Den hier habe ich selbst gebacken.“

Der Drache schnupperte vorsichtig daran und verschlang ihn dann in einem Stück.

„Freunde?“, fragte Arin und zur Antwort senkte der Drache seinen Kopf, damit Arin aufsteigen konnte.

Arin stand zwischen den schlagenden Flügeln des Drachen, als sie in den Himmel stiegen.

„Du hast es geschafft!“, rief Sora, die jetzt neben ihm flog.

Arin führte Lloyds Schlag-Sprung-Kick-Routine aus und landete sicher auf dem Rücken des Drachen. „Wie ein echter Ninja!“

„Da bin ich mir nicht so sicher“, sagte Lloyd kopfschüttelnd, „aber du bist eindeutig auf dem richtigen Weg.“

„Ich sage nur, dass ich die Sprache der Drachen beherrsche“, sagte Arin, während er seinen Drachen zwischen Sora und Wyldfyre steuerte. „Wir verstehen uns.“ Er beugte sich hinunter und kraulte den Drachen sanft zwischen den Flügeln. „Dank sei dem Kuchen!“

Das sehr wichtige Ding

„Was soll ich finden?", fragte Cole. Seine Freundin Bonzle hatte ihren Wunsch bereits dreimal geäußert, aber Cole konnte nicht glauben, was er da hörte.

„Einen Oberschenkelknochen", sagte Bonzle. Sie tippte auf ihr Bein, um ihm zu zeigen, welchen Knochen sie meinte. „Ich brauche ihn, Cole."

„Warum?", fragte er. An den Knochen zu kommen, würde nicht einfach werden. Bonzle konnte im Land der verlorenen Dinge praktisch alles haben, was sie wollte.

Er verstand nicht, warum es ausgerechnet ein Oberschenkelknochen sein musste.

„Er ist wichtig“, antwortete sie in ihrer üblichen monotonen Stimme.

„Na gut“, stimmte Cole zu. Er war lange genug mit ihr befreundet, um zu wissen, dass das ihr letztes Wort war.

Die Finder – Geo, Spitz, Fritz und Bonzle – hatten ihn aufgenommen, als er sich während der Verschmelzung

in das Land der verlorenen Dinge verirrt hatte. Deshalb wünschte er sich, mehr für sie tun zu können. Wenn Bonzle einen Knochen brauchte, würde er einen beschaffen.

Also betrat Cole das Land erneut. Er bewegte sich zügig an alten Autos vorbei, einst geliebten Puppen, zerfledderten Büchern und einem Berg stinkender Socken. Alles, was verloren ging, endete hier. So wie Cole.

„Wäre ich ein Knochen, wo befände ich mich?", murmelte Cole. Vielleicht war in der Nähe ein vergessener Friedhof aufgetaucht. Oder er fand ein Skelett, das einst im Biologieunterricht benutzt und vergessen worden war.

Er wanderte ziellos umher, als ein donnerndes Geräusch über die Findefelder hallte.

Ein verrostetes Fahrrad sauste an Coles Kopf vorbei. „Der Horter!", rief er aus.

Der Horter war ein boshaftes Monster, das alle Dinge für sich beanspruchte. Er jagte die Finder davon, indem er wahllos irgendwelche Gegenstände nach ihnen warf.

„Bist du auf Streit aus?“ Cole verwandelte sich von einem Ninja in ein Steinmonster – eine Form, die ihn in dieser Welt immer wieder aufs Neue überraschte. Er wusste nicht, wie die Sache mit dem Steinmonster sein „Ding“ geworden war, aber es war nützlich, wenn er schwere Dinge heben oder gegen Riesen antreten musste.

Das Rad anzuheben, war kein Problem für das Steinmonster. Cole warf es zurück auf den Horter, aber es prallte ohne Erfolg am Bein des Metallriesen ab.

Der Horter sah sich nach dem nächsten Wurfobjekt um, da entdeckte Cole den Knochen.

Hinter dem Horter türmte sich ein großer Haufen verlorener Dinge und ganz oben, zwischen einem Kühlschrank und einem kaputten Verkehrsschild, lag ein Oberschenkelknochen! Cole musste an dem Horter vorbei und den Schrotthaufen raufklettern.

„Hey, Horter", rief Cole, „kriege ich den Knochen hinter dir?" Der Horter brüllte.

„Das heißt wohl Nein." Cole wandte sich nach links, rannte dann aber in der anderen Richtung um das verwirrte Monster herum.

Aber die Schritte des Horters waren größer als Coles und schon stand er Cole erneut im Weg. Der Horter schnappte sich den Kühlschrank und schleuderte ihn zu Boden. Cole wich mit einem Salto aus, aber dann nahm der Horter das kaputte Straßenschild und schlug damit um sich. Coles Steinmonster war stark, konnte sich aber

nicht schnell bewegen. Ihm blieb keine Zeit, zu seiner normalen Größe zu wechseln.

Der Horter näherte sich mit jedem Schwung. Es gab nur eines, das Cole tun konnte: WEGRENNEN!

* * *

In der Krähenkolonie hatte Bonzle es sich auf dem Sofa bequem gemacht. Als Cole eintrat, fragte sie sofort: „Hast du den Oberschenkelknochen?“

„Nein. Der Horter hat ihn.“ Cole war verschwitzt und erschöpft. „Stammt der Knochen von deinen Vorfahren, Bonzle?“

„Nein.“

„Von einem guten Freund?“

„Nein.“

„Warum ist er dann so wichtig?“ Cole war nicht begeistert, erneut losziehen zu müssen.

Bonzle zuckte träge mit den Schultern. „Das ist er einfach.“

Das war nicht die Antwort, auf die Cole gehofft hatte. Er legte die Hände auf seine Knie und atmete tief durch. Dann sagte er: „Wenn er dir wichtig ist, werde ich ihn holen."

Cole ging zurück zu den Findefeldern, doch kaum hatte er den Schrotthaufen erreicht, flogen ihm Flaschen um die Ohren. Aus Metall, Glas, Plastik . . .

Zisch. Zisch. Zisch.

Cole fragte sich, wie viele Flaschen in der Welt verloren oder vergessen wurden.

Zisch. Zisch.

Zu viele!

Cole behielt seine Ninja-Form bei. Mithilfe von Spinjitzu wich er den Flaschen aus und wirbelte blitzschnell um das Monster herum.

Als Cole am Fuß des Schrotthaufens angekommen war, stampfte der Horter mit den Füßen. Der Boden bebte. Gegenstände lösten sich aus dem Haufen und fielen hinab – doch der Knochen schien zwischen einem Sessel und einer Holzschale festzustecken. Vielleicht

würde Bonzle sich auch mit der Schale zufriedengeben. Sie war leichter zu erreichen.

„Vergiss die Schale“, ermahnte er sich. „Konzentriere dich auf den Knochen.“

Cole rannte los und sprang auf einen alten Schreibtisch. Von dort schwang er sich auf ein Puppenhaus und hüpfte auf ein Kissen. „Weiche Landung!“, freute er sich.

Dem Horter entging Coles Vorankommen nicht und er begann, Gegenstände aus dem Haufen zu ziehen, sodass der ganze Turm ins Wanken geriet.

Zentimeterweise kletterte Cole weiter auf den Knochen zu. Als er endlich seine Hand um ihn legen konnte, brachte der Horter den Schrotthaufen zum Einsturz.

„AH!" Cole wurde von einer Lawine nach unten gerissen und landete in einem bunten Sammelsurium von Dingen direkt vor den Füßen des Horters. Dieser erblickte den Oberschenkelknochen in Coles Hand und griff mit seiner riesigen Klaue danach.

„Hey, Metallmaul!“ Plötzlich war Spitz da.

„Hier drüben!“ Und Fritz.

Sie bewarfen den Horter mit Flaschen.

„Ha!“ Fritz‘ Flasche landete auf dem Kopf des Horters.

„Zack!“ Spitz‘ Geschoss traf dessen Knie.

Ihr Angriff ermöglichte es Cole zu entkommen. Mit dem Knochen fest in der Hand rannte er mit Spitz und Fritz zurück zur Krähenkolonie.

„Woher wusstet ihr, wo ich war?“, fragte Cole die Finder, als sie in Sicherheit waren.

„Bonzle meinte, du bräuchtest vielleicht Hilfe“, erklärte Fritz.

„Ihr seid genau rechtzeitig gekommen“, sagte Cole.

„Dafür sind Freunde da.“ Spitz lächelte.

„Der ist für dich.“ Cole überreichte Bonzle den Knochen.

„Danke!" Bonzle stand auf und öffnete einen Schrank, in dem sich hunderte, sauber sortierte Oberschenkelknochen befanden. Vorsichtig legte sie den neuen zu ihrer Sammlung.

„Moment mal!", rief Cole. „Du hast so viele, wofür brauchst du noch einen?"

Bonzle ließ sich wieder auf das Sofa nieder. „Knochen sind extrem nützlich."

Cole setzte sich neben sie und zog auch Fritz und Spitz auf das Sofa. Er lachte. „Gute Freunde sind auch nützlich."

Bonzle drehte sich zu Cole um. „Holzschalen auch. Kannst du mir eine besorgen?" Nach einer Pause fügte sie hinzu: „Sie ist wichtig."

Die verschwundene Maske

„Bald wird der Blutmond aufgehen . . ." Lord Ras stand in einer düsteren Kammer im mysteriösen Schattendojo. „Wenn der Mond oben steht, werden die mächtigsten Wesen der Verbundenen Welten an meiner Seite kämpfen. Wir werden über Imperium und die gesamte Welt siegen!"

Er trat zurück. Ein Lichtstrahl erhellte nicht nur einen, sondern zwei Throne. Ras setzte sich auf den größeren, eleganteren der beiden und lehnte sich entspannt zurück.

Jordana, eine ehrgeizige Wissenschaftlerin aus Imperium, und Cinder, ein Krieger mit dunklen Kräften, standen vor dem kleineren und schlichteren Thron.

„Wer von euch wird als mein zweiter Befehlshaber dienen?", fragte Lord Ras und seine Stimme hallte durch den höhlenartigen Raum.

„Oh!" rief Jordana aus und reckte ihre Hand nach oben. „Nimm mich!"

Während Jordana auf- und absprang und Lord Ras aufgeregt zuwinkte, löste Cinder sich in Rauch auf und schwebte auf den leeren Thron zu.

„Das ist nicht fair!", maulte Jordana. „Du schummelst!" Sie stürzte sich nach vorn, um vor ihm zum Thron zu gelangen.

Cinder verwandelte sich zurück, als er sich auf den harten Sitz fallen ließ, sodass Jordana auf seinem Schoß landete.

„Runter von mir“, schimpfte Cinder.

„Das könnte dir so passen“, erwiderte Jordana.

„Ich war zuerst hier“, sagte Cinder.

„Aber ich sitze oben.“ Jordana machte sich extra schwer.

Es gab ein Gerangel, als sie versuchten einander vom Thron zu stoßen.

Ras schüttelte den Kopf und seufzte: „So hatte ich mir diesen Tag nicht vorgestellt.“

Er erhob sich und zeigte auf eine lange Reihe von Masken. „Ich habe einen Wettstreit vorbereitet. Eine der

Wolfsmasken fehlt. Wer sie findet, wird an meiner Seite Platz nehmen."

Jordana sagte: „Ich werde gewinnen."

„Das wirst du nicht", sagte Cinder.

Lord Ras gab jedem von ihnen ein Ziffernblatt und eine Karte. „Die werden euch helfen." Er nickte ihnen zu. „Seht genau hin. Viel Glück."

Lord Ras seufzte noch tiefer, als sie sich aus dem kleinen Thron schälten und davoneilten. „Machtergreifungen sind so stressig."

* * *

„Ich werde gewinnen", sagte Cinder, während er sich in eine graue Rauchwolke auflöste.

Jordana trat nach dem Rauch.

„Nicht getroffen“, erklang Cinders Stimme aus der Dunkelheit.

„Beim nächsten Mal!“ Jordana wandte sich dem Zifferblatt zu. Sie drehte den Zeiger und beobachtete, wie er sich im Kreis über die Ziffern bewegte und auf der 4 stehenblieb. Sie drehte ihn erneut. 12. Sie drehte. 6. Sie drehte. Wieder die 4. Danach blieb der Zeiger stecken und bewegte sich nicht mehr. Die Wissenschaftlerin in ihr wurde wach: „Es ist ein Code!“ Sie breitete die Karte aus.

Lord Ras' Thron war in der Mitte. Auch der kleine Thron war zu sehen. Sie erinnerte sich an Lord Ras' Worte. *Seht genau hin*. Das musste ein Hinweis sein.

Jordana hielt die Karte vor ihr Gesicht und konnte Kästchen und winzige Pfeile erkennen. Sie konzentrierte sich auf den kleinen Thron und folgte dem Code des Ziffernblatts. Der erste Pfeil zeigte nach links. Sie zählte vier Kästchen ab. 12 nach unten. 6 nach rechts. 4 nach unten. Sie hielt die Karte weiter weg, um zu erkennen, was dort abgebildet war.

„BINGO!" Sie wusste, wo sie anfangen musste. Jordana begab sich zu den unterirdischen Höhlen.

Cinder war bereits dort. Er hatte das Rätsel vor ihr entschlüsselt. „Hier ist keine Maske", sagte er, „aber ein weiterer Hinweis."

Auf der Wand war das Bild eines tosenden Flusses.

„Die Maske gehört mir", erklärte Cinder, bevor er sich wieder in Rauch auflöste und einen Tunnel entlangschwebte.

Jordana warf mit einem Stein nach dem Rauch.

„Schon wieder vorbei!" Cinder lachte.

Jordana berührte in dem Wandbild einen leuchtenden Stern.

Plötzlich regnete dichte weiße Asche von der Decke. Cinder hatte ihr eine Falle gestellt! Jordana hatte keine Zeit mehr, über den neuen Hinweis nachzudenken, sie musste entkommen.

Der Tunnel, den Cinder genommen hatte, war versperrt. Deshalb entschied Jordana sich für einen engen, geschlängelten Höhlengang. Als sie anhielt, um wieder zu Atem zu kommen, hörte sie in der Nähe rauschendes Wasser.

„Cinder hat den falschen Tunnel genommen!“ Jordana lief schnell weiter.

Als sie den Fluss erreichte, hatte sie so viel Asche in den Augen, dass sie alles nur noch verschwommen wahrnahm. Sie würde nach Hinweisen suchen, sobald sie sich das Gesicht gewaschen hatte.

Jordana lehnte sich über das Flussufer. Aber als sie ihre Hände in das kühle Nass steckte, merkte sie, dass dieser Fluss nicht mit Wasser gefüllt war – es war Schlamm.

„Der echte Fluss befindet sich in der anderen Richtung“, sagte Cinder, der plötzlich aufgetaucht war. Er stieß Jordana in den Schlamm und eilte davon.

Der Schlammstrom bewegte sich schnell. Jordana konnte sich bloß treiben lassen.

Als sie wieder trockenen Boden erreichte, triefte die kalte Schlammsuppe an Jordana herab. Ihre

Schuhe waren voller Schlamm, aber sie weigerte sich, aufzugeben!

Moment mal . . .

Hoch über ihr war ein leuchtender Stern an die Wand gemalt. Er sah so aus wie der in dem Bild. Jordana begann, die Wand hochzuklettern.

Sie entdeckte die Wolfsmaske tief in einer Felsspalte.

Jordana sprang zu Boden und rannte zurück zu Lord Ras.

„Ich habe die Wolfsma-“, setzte sie an, als plötzlich eine Rauchwolke den Raum erfüllte. Kurz darauf saß Cinder auf dem kleinen Thron und streckte Lord Ras die Wolfsmaske entgegen.

„Bitte sehr“, sagte er. Cinder zwinkerte Jordana zu. „Danke für deine Hilfe“, fügte er hinzu. „Du riechst furchtbar. Du solltest duschen.“

Nasser Schlamm tropfte von Jordana auf den Boden. Blitzschnell bückte sie sich und formte einen Schlammball. Mit aller Kraft zielte sie direkt auf Cinders Kopf.

„BINGO!“, rief Jordana, nachdem der Schlamm in Cinders Gesicht gelandet war. „Diesmal habe ich getroffen.“ Sie warf zwei weitere Schlammbälle. Volltreffer!

Cinder versuchte, den Schlamm abzuwischen, verteilte ihn jedoch nur in seinem Gesicht und auf seinem Körper. Angriffsbereit stellte er sich auf. „Ich werde-“

„Das reicht, Cinder!“ Lord Ras sprang von seinem Thron und ging auf Jordana zu. Er flüsterte ihr ins Ohr: „Eines Tages wird der Thron dir gehören.“ Und bevor sie

irgendetwas erwidern konnte, nahm er einen Schlauch und spritzte sie mit Wasser ab.

„He!" Jordana wurde von dem Strahl überrumpelt und fiel rücklings zu Boden.

Lord Ras sagte zu Jordana: „Du riechst wirklich übel . . ." Er wandte sich zu Cinder und richtete den Schlauch auf ihn. „Und du auch!"

Glossar

Arin
Arin ist ein Riesenfan des Ninja-Teams und hat sich selbst eine grobe Form des Spinjitzu beigebracht. Seit der Verschmelzung sind sein Zuhause und seine Familie verschwunden, deshalb hat er sich mit Sora zusammengeschlossen.

Blutmond
Während dieses mystischen Vollmonds kann Lord Ras seine Kampftruppen mobilisieren und seinen Plan, die Welt zu erobern, umsetzen.

Cinder
Ein Kämpfer, der sich in Rauch verwandeln kann, und Verbündeter von Lord Ras im Schattendojo.

Cole/Steinmonster
Ein Elementarmeister und der Erd-Ninja. Nach seiner Ankunft im Land der verlorenen Dinge hat Cole die Fähigkeit entwickelt, sich in ein Steinmonster zu verwandeln.

Finder
Geo, Spitz, Fritz und Bonzle leben im Land der verlorenen Dinge, wo sie auf die Suche nach nützlichen Gegenständen gehen, um daraus neue Sachen zu bauen. Die Krähenkolonie ist ihr sicheres Versteck.

Jordana
Jordana ist eine ehrgeizige, junge Wissenschaftlerin und Soras Rivalin. Sie hat zuvor für Dr. LaRow gearbeitet.

Lord Ras
Ein Tiger-Hybrid, der einst für Imperium gearbeitet hat, jetzt aber seine eigene Armee aufstellt.

Verschmelzung
Ein rätselhaftes und heftiges Naturschauspiel, bei dem die Welt von Ninjago mit den legendären äußeren Welten verschmolzen ist.

Schmelzbeben
Nachbeben von unterschiedlicher Stärke, die die neue Welt von Ninjago in Atem halten und häufig für Chaos und Zerstörung sorgen.

Schattendojo
Ein versteckter Tempel, in dem Lord Ras lebt. Von dort plant er, eine Armee aufzubauen und alle zu bezwingen, die sich ihm in den Weg stellen.

Sora
Sie liebt Technik und ist eine talentierte Erfinderin. Nach der Verschmelzung wagt sie in den Crossroads einen Neuanfang, wo sie Arin kennenlernt.

Wyldfyre
Wyldfyre strandete als Kind in der Wyldness. Sie wurde von einem Erziehungsbot großgezogen, bis sie alt genug war, um zusammen mit ihrem Drachenfreund Heatwave zu Abenteuern aufzubrechen.